GRATITUD

Jardines del corazón

GRATITUD

ELIZABETH CLARE PROPHET

SUMMIT UNIVERSITY PRESS®

GARDINER, MONTANA

Para obtener información, diríjase a Summit University Press,
63 Summit Way, Gardiner, MT 59030 (EE.UU.)
Tel: 1-800-245-5445 o 406-848-9500
Web site: www.SummitUniversityPress.com

Library of Congress Control Number 2012938106

ISBN: 978-1-60988-100-9
ISBN: 978-1-60988-124-5 (eBook)

SUMMIT UNIVERSITY 🦢 PRESS®

Diseño de portada y de interior: James Bennett Design

1ª edición: junio 2012

Impreso en los Estados Unidos de América
16 15 14 13 12   5 4 3 2 1

ÍNDICE

A las puertas del jardín

La vida es un regalo. Cuando la dedicas al bien, esa bondad se expande desde tu interior, fluye hacia el mundo y regresa a ti. Experimentas una sensación intensificada de lo divino, un sentimiento profundo de unidad y sintonía con la vida; valoras más las cosas que te rodean.

Ese sentimiento expansivo es la gratitud: percibir y reconocer lo divino dentro de lo común. La gratitud engendra sentimientos de alegría, de aprobación, de dar las gracias y de

alabanza. Reconocer tu gratitud y sentirla profundamente ancla lo que recibes, de modo que puedes unirte a ello por medio de la alegría.

La gratitud se asemeja a un arroyo que limpia y purifica tu capacidad de valorar las cosas. El flujo de la gratitud purifica, refina el alma. Al refinarse los sentidos del alma, aumenta a la vez tu sensibilidad para con los demás. Los valoras más y hallas maneras prácticas e instructivas que te inspiran a ayudarte a ti y ayudar al prójimo.

Siente profunda gratitud en el corazón. Deja que estalle de júbilo más allá de los límites actuales de tu con-

ciencia. Deja que la gratitud impregne cada circunstancia de tu vida.

Cultiva el poder de la gratitud y acepta todo lo que se cruce en tu camino con una visión más desarrollada de lo que sí es posible en tu vida y en la vida de cada quien.

EL GORJEO
DE LOS AZULEJOS

* Azulejo: Pájaro americano de unos 12 centímetros de largo; en verano, el macho es de color azul que tira a verdoso hacia la rabadilla y a negro en las alas y la cola, y en invierno, lo mismo que la hembra en todo el tiempo, es moreno oscuro con algunas fajas azules y visos verdosos. (Def. RAE.) [N. de la T.]

La gratitud es el portal

que da a un magnífico jardín

con dondiegos,

bellas flores

y azulejos* gorjeando.

Entra.

Deja que se te llene

de alegría el corazón.

Siente gratitud tan solo por existir.

Brota gratitud

del corazón

cuando te paras a pensar

cuánta gracia

y bellas manifestaciones

hay en la vida.

Un corazón agradecido

es amigo de la felicidad,

la paz interior y la alegría.

La gratitud revela

la presencia del amor

cara a cara.

Aceptar la maravilla del amor

con gratitud

significa amplificar ese poder

hasta que sientas

sus corrientes y oleadas

como la sangre

que corre por tus venas.

Saluda al amanecer,

al sol naciente

de tu conciencia superior,

con gratitud

por la llama de la vida

que yace en tu corazón palpitante.

Da las gracias por todo:

por las estrellas, el Sol,

tu familia y amigos,

tu nación y el mundo.

La gratitud aumenta

la capacidad que tiene tu corazón

de atraer el bien.

La bondad es una flor

en el jardín de la gratitud.

Cuando la gratitud

brota continuamente de tu corazón,

no puedes evitar

compartir con los demás

lo que tienes.

Da muestras de gratitud a los demás

reconociendo

el bien que hacen.

Elévalos y ábreles la puerta

por la que pueden adentrarse

en su mayor potencial.

Expresa gratitud

incluso por los pequeños logros,

por las pequeñas tareas

que alguien haga bien.

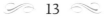

Los sentimientos de gratitud

aumentan tu sensibilidad

a la voz interior

y mejoran tu conexión.

La gratitud

y valorar con sensibilidad

la vida, el arte y la belleza

van de la mano.

La gratitud es un medio

para afinarte los sentidos del alma.

A través de la lente de la gratitud,

puedes percibir más fácilmente

la riqueza de la vida

que te envuelve.

La gratitud percibe lo divino

dentro de lo común.

La gratitud es un poderoso

torrente de amor.

Abre las compuertas del corazón

y derrite las aguas heladas

de la mente.

La gratitud avanza

por las elevadas cadencias

de los sensibles y compasivos

sentimientos recíprocos

de los hombres.

La gratitud es una fuente

que mana del amor

y hace que

el amor mane.

Hazte como la flor:

olorosa con un fin,

muestra un sentimiento

de agradecimiento divino.

EL ROCÍO
DE LA MAÑANA

Empieza por contar tus bendiciones

cuando te despiertes por la mañana

y extiende ese sentimiento

al resto del día.

Acuéstate con una oración

de gratitud en tu corazón.

Los rayos luminosos de gratitud

llegan al corazón de Dios,

y, en respuesta,

la bendición del Padre

fluye a tu vida.

Mediante una corriente

de gratitud,

la alegría puede

llenar tu corazón

y hacerlo rebosar.

Si la gratitud

no te surge fácilmente,

practica cada día en privado

reflexionando en lo bueno

que ahora tienes en tu vida.

Si sigues practicando,

sin duda te surgirán más razones

para estar agradecido.

Haz una lista de cosas

que te den alegría.

Empieza por una sola

y luego continúa.

Afirmar tu gratitud

es una forma maravillosa

de percibir continuamente

la llama de alegría de la vida.

Cuando disfrutas de algo

por su belleza o utilidad,

lo tratas con cuidado.

Así es como respetas y agradeces

tanto el regalo

como al que lo da.

Eso es la gratitud.

Ofrecer gratitud

por lo pequeño y lo grande

te prepara para los siguientes pasos

de una transformación maravillosa.

Deja que los sentimientos de alegría,

aprecio y gratitud

toquen el arpa

de tu corazón.

La belleza y la hermosura

se perciben fácilmente en la Naturaleza,

sobre todo en las flores.

Para cultivar el aprecio y la gratitud,

empieza con las flores.

Luego, expande tu conciencia

hasta que puedas percibir

el perfume de un alma

como harías con una rosa.

Escribe una breve nota a alguien

expresando tu gatitud

por ser quien es,

por el papel que desempeña en tu vida

y por lo que has aprendido

de él o de ella.

Ora con gratitud

y con todo el amor

de tu corazón.

Acompaña tu oración

con todos los recursos de tu ser.

Así, percibirás increíbles cambios

en tu vida.

Muchos dan las gracias

por la comida, los bienes y un techo;

por el mar, la tierra y el cielo.

Sé aquel que también da gracias

por la vida y la iluminación;

por los ideales, las cualidades

y la inspiración que se manifiestan

en ti y en tu vida.

Reconoce el poder de la gratitud.

Sentimientos expansivos de gratitud

hacen tu vida más ligera

y obran maravillas

en tu cuerpo y en tu mente.

Expresa alegría y gratitud

por el regalo de la vida,

sobre todo el día de tu cumpleaños.

En ese estado de gratitud,

ofrece una oración desde el corazón

a toda la vida en la Tierra.

Cuando tu corazón derrama gratitud

en enormes oleadas de amor,

siempre hay una corriente de retorno,

una emisión de energía

que te devuelve una bendición.

Valoras a alguien

porque le comprendes,

ves la belleza en su interior,

ves quién es de verdad.

La gratitud es valorar

todo lo bello

que hay en una persona.

La mayoría de las personas

no se valoran

todo lo que deberían.

No aprecian lo que valen.

Al reconocer las cualidades

que valoras en otros,

les ayudas a dirigir

su propia valoración hacia adentro.

Ello puede contribuir

a que oigan la voz apacible y delicada

que les dice palabras amorosas.

El ofrecimiento de un niño

siempre es puro,

por eso siempre es bello.

Cuando muestras gratitud

por lo que te ofrece un niño,

le das un recuerdo

de por vida

de que te ha traído un regalo

que has recibido

con gratitud y felicidad,

un recuerdo de que

lo valoras a él

y lo que ha hecho.

¡Sé como un niño

maravillado por la vida!

Mira lo agradecido que llegas a estar

por las cosas pequeñas,

y lo desapegado

a acumular objetos,

riqueza, categoría o grandeza

a los ojos del mundo...

La gratitud por cada regalo

que la vida te ha dado

sale de tu corazón cual cascada,

formando ondas concéntricas de Luz,

y regresa de nuevo a ti.

Lo que des,

recibirás.

UN LUGAR CUBIERTO
DE HIERBA

La gratitud es precursora

de la alegría que eleva.

Para que la alegría florezca

debe plantarse

en el suelo de la gratitud.

Valorar y agradecer

te conectan

con El que hace todos los regalos.

Al ofrecer gratitud

por lo que tienes,

creas una abertura

por la que pueden

llegar más cosas

a tu vida.

La gratitud abre la puerta

a la abundancia.

Cuando empieces a contar

tus bendiciones,

encontrarás tantas

que podrás permitirte

dar generosamente

y todavía tener muchas.

Deja que la gratitud fluya

por todas las zonas problemáticas

de tu vida.

Te sorprenderá

cuánto control ejerces

sobre ti mismo

y sobre tu situación.

Cualesquiera que sean

tus actuales circunstancias, posesiones,

virtudes y percepción de ti mismo,

cuanta más gratitud sientas

por lo que tienes ahora,

tanto más satisfecho estarás.

Al margen de lo que te suceda,

puedes estar agradecido por ello,

porque siempre habrá

una bendición oculta

o algo que debas aprender.

Las dificultades enseñan lecciones

y responsabilidad.

Te obligan a afilar

las herramientas

de tu mente, corazón, alma y cuerpo.

Estar agradecido por las dificultades

constituye una clave para tu victoria.

La gratitud surge

cuando aprendes

de tus errores

y reconoces tu oportunidad

de avanzar

y trascenderte.

Analizar

tu propio rendimiento

puede ayudarte a mejorar,

sobre todo cuando

también expreses gratitud

por lo que ya has logrado.

Muéstrate agradecido por la adversidad

y por los enemigos.

La maestría sobre uno mismo

surge de resolver

defectos y problemas.

Los agravios que te hayan causado

te dan la oportunidad

de aprender a perdonar,

de crecer y de ser más maestro

de tu vida.

Desde este punto de vista,

puedes estar agradecido por quienquiera

que alguna vez te haya agraviado

y por cada experiencia de la vida.

Cuando seas capaz

de perdonar y de soltar,

cuando puedas tener misericordia

por quienes han hecho daño,

cuando puedas estar agradecido

por las lecciones difíciles

que has aprendido,

podrás sanarte

y ser íntegro.

Para superar la aversión

cultiva la gratitud

por lo que una persona es

o por quién es.

Busca algo que te guste de ella

y te resultará imposible

sentir antipatía o desagrado.

 60

La gran marea de amor

que entraña el aprecio

mitiga toda discordia,

y te permite abrazar

el espíritu de superación

que hay en la vida.

Muestra gratitud

por el perdón y la misericordia

que existen en tu vida

perdonando

y siendo misericordioso

con los demás.

El perdón

es el criado

de la gratitud.

La gratitud

es un antídoto eficaz

para la rabia, la ansiedad,

la tristeza y la depresión.

Si te sientes triste o preocupado,

recuérdate todo aquello

por lo que estés agradecido.

Olvídate de lo que no tienes.

La preocupación, las dudas y el miedo

atraen exactamente lo que no quieres.

Piensa en la gratitud

por lo bueno que tienes

y lo bueno que deseas atraer.

La receta para dominar los sentimientos

es vivir en un estado perpetuo

de gratitud.

Haz de sentirte

intensamente agradecido

por estar vivo y estar bien un hábito,

y verás qué rápido

se resolverán tus problemas.

En el preciso instante

en que empieces

a expresar gratitud

por el diseño perfecto

para tu vida,

empezarás a emitir

esa perfección

a tu vida.

Cada vez que te pones

al servicio de la vida,

te conectas con el núcleo de la creación

y recibes a cambio

la gratitud que fluye cual chispa,

cual cesión de energía.

La gratitud por la vida
sustenta el alimento espiritual.

En cuanto desarrolles
un sentimiento cada vez mayor
de gratitud,
irradiarás a la vida alegría,
una sensación de paz,
consuelo y curación.

Al bendecir con gratitud

quién eres

y lo que tienes

en este momento,

lo expandes.

El poder de multiplicación

está en tu conciencia.

Abandona el recuerdo de los errores

salvo para no repetirlos.

Retén en tu conciencia

las bondades a ti vertidas

porque llenarán tu mente

de amor y gratitud.

Además de tener en cuenta

lo lejos que debes ir

para llegar a una meta,

dedica un tiempo

a afirmar y expresar gratitud

por los progresos que ya has hecho.

Agradece sinceramente

los regalos y bendiciones,

y nunca los des

por garantizados.

Si caes en la tentación

de dudar o tener miedo,

conectarte con

el espíritu de gratitud y aprecio

puede cambiar tu estado de ánimo.

Da las gracias a tu cuerpo

por permitirte hacer

el trabajo que haces,

vivir la vida que llevas.

Ama tu cuerpo.

Cuídalo como cuidarías

a tu hijo.

Continuamente

fluye vida palpitante a tu cuerpo.

Envía a cambio gratitud

desde tu corazón

por el regalo de la vida.

Cuando veas

algo maravilloso,

expresa gratitud por ello

sin buscarle tres pies al gato.

La gratitud sustenta

la corriente de gracia,

luz y vida.

Que tus expresiones

de gratitud

lleven la luz de tu corazón.

La gratitud emite

los fuegos de amor del corazón.

Sobrelleva las dificultades

con elegancia, con honor

y con gratitud

del mismo modo

que perdonas a los demás

y pides perdón.

Permítete salir libre y renovado.

Tribulaciones y dificultades
son como un invierno borrascoso.
Si las agradeces y dominas,
saldrás fortalecido
por haberlas atravesado,
y valorarás el verano
un poco más.

Recibe

todas las experiencias

y adversidades de la vida

como oportunidades

de expresar gratitud

y seguir amando.

En cuestión de gratitud,

da de ti mismo

y verás cómo te pules,

cómo eres más tú mismo.

La gratitud que

padres y maestros

muestran a los niños

desempeña un papel importante

en cuanto a inculcarles

un sentido de autoestima

y aceptación de sí mismos.

Valorar a los niños

les ayuda a valorarse.

En lugar de buscar siempre

algo que corregir a los niños,

créate el hábito

de valorarlos y aceptarlos

por quienes son y lo que son.

Haz todo lo posible

por reconocer

y valorar a los demás.

Dales las gracias

por su contribución,

ya sea un buen trabajo

o su naturaleza alegre.

Cuanto más refuerces

los aspectos positivos,

más a menudo

los verás repetirse.

Que tu corazón se vivifique

con inmensa alegría y gratitud

por las pequeñas cosas

que la gente hace,

por el rayo de sol

que entra por tu ventana,

por amar a amigos y familia.

Cuando camines por una colina,

da las gracias por la Naturaleza

en todo su esplendor:

montañas y nubes,

hierbas de mil variedades,

las maravillas de las flores silvestres,

la belleza que te rodea.

Da las gracias por

las cosas espléndidas de la vida

que tan a menudo

se dan por supuestas.

Reflexionar en las razones

por las que estás agradecido a alguien

te ayudará a acordarte

de valorarle más.

Alguna vez,

siéntate en silencio

y piensa en las personas

por las que estás agradecido.

Observarás cambios positivos

en tus pensamientos y actitud.

Antes de que el sol se ponga,

di tus pesares en oración

y también «gracias»

por todo lo bueno

que te ha pasado ese día.

Así Dios sabe

que estás agradecido

y lo que necesitas resolver.

Da las gracias

por las lecciones

que has aprendido,

por la sabiduría que has adquirido

y por las personas

que has conocido en el camino.

Siente gratitud

por la luz de que disfrutas;

la luz que mantiene toda vida.

Tus expresiones de gratitud

envían una radiación

de energía positiva

que beneficia a todo ser vivo.

LA PASARELA

La gratitud entra en el corazón

cual suave radiación,

que emite físicamente al mundo

el poder del espíritu.

El agradecimiento

aumenta el valor

de todo lo que la vida concede.

En cuanto desarrollas gratitud,

te vuelves más receptivo

a esos regalos y bendiciones.

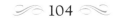

Reconocer tu gratitud

y sentirla profundamente

afianza lo que recibes

y te permite

ser uno con ello

mediante la alegría.

La sonrisa es la muestra

de un corazón agradecido.

La gratitud del corazón

rebosa de los límites

de tu conciencia

e inunda el mundo entero.

El torrente de gratitud

afecta a toda circunstancia,

y toda vida

se torna más verdadera.

Por las oleadas de tu gratitud,

el cielo te envía

un manantial de amor,

creatividad e inspiración.

La gratitud del corazón receptivo

genera la belleza trascendente

que infunde

conceptos y obras de arte duraderos,

así como otras creaciones perdurables.

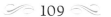

La gratitud rebosante

puede transformar tu vida

en una sublime expresión

de gratitud y abundancia.

Los milagros ocurren

en la vida de quienes están agradecidos;

porque de la gratitud

se hilan la sensación y el espacio

para que vengan más bendiciones.

Los sentimientos prolongados de gratitud

ascienden como una senda de Luz.

Se elevan más allá de las estrellas

y devuelven a tu corazón agradecido

la energía necesaria para mantener

un equilibrio interno

al margen de las circunstancias

externas.

Al atardecer,

detente un momento,

ponte de pie de cara al Sol,

mientras se desvanece

en el horizonte,

y siente una intensa gratitud

por un día glorioso.

El misterio de dar las gracias

es que agradecer lo bueno

lo multiplica.

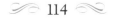

Cuando vives

en estado de gratitud,

te conectas con un poder

capaz de ayudar a moldear el futuro

para el bien colectivo

de toda la humanidad.

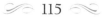

El Creador te ha concedido

Su reino pródigamente.

Con gratitud,

recíbelo pródigamente.

Que la gratitud de tu corazón

sea ilimitada.

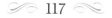

Jardines del corazón

Compasión

Gratitud

Perdón

Alegría

Gardens of the Heart Series

Compassion

Gratitude

Forgiveness

Joy

Para otros títulos de
Elizabeth Clare Prophet
visite

www.SummitUniversityPress.com